한국디카시학 디카시선 034

둥글어지다

손병규 디카시집

도서출판 실천

둥글어지다

한국디카시학 디카시선 034

초판 1쇄 인쇄 | 2025년 11월 10일
초판 1쇄 발행 | 2025년 11월 17일

지 은 이 | 손병규
펴 낸 이 | 이어산
기 획 · 제 작 | 한국디카시학회
발 행 처 | 도서출판 실천
등 록 번 호 | 서울 종로 바00196호
　　　　　 | 진주제2021-000009호　등 록 일 자 | 2018년 7월 13일
서울사무실 | 서울특별시 종로구 율곡로 6길 36　| 2021년 3월 19일
　　　　　　02)766-4580, 010-6687-4580
본사사무실 | 경남 진주시 동부로 169번길 12. 윙스타워지식산업센터 A동 705호
　　　　　　055)763-2245, 010-3945-2245　팩스 055)762-0124
편 집 · 인 쇄 | 도서출판 실천
편 집 장 | 김성진

값 15,000원

* 이 책은 전부 또는 일부 내용을 재사용하려면 저작권자와 '도서출판 실천'의 동의를 받아야 합니다.
* 이 책의 국립중앙도서관 출판예정도서목록(CIP)은 서지정보유통지원시스템(http://seoji.nl.go.kr)과 국가자료종합목록시스템(http://www.nl.go.kr/kolisnet)에서 이용하실 수 있습니다.
* 잘못된 책은 교환해드립니다

둥글어지다

손병규 디카시집

■ 시인의 말

이전에 나는
세상을 바라보는 시선이 없었습니다.
아름다운 것도 아름답게 보지 못했고
아픈 것도 기쁜 것도 외면하며 살아왔습니다.

어느 날 무심한 듯 다가온
빛의 언어가 내 마음의 문을 열고
들어왔습니다.

서투른 대화를 나누며 조금씩 이해하며 속내를
터놓기 시작할 때쯤 모든 사물도, 아픔에도,
기쁨에도, 저마다 숨결이 있다는 것을 알게
되었습니다.
그를 통해서 지나온 나를 깊이 성찰합니다.

아직은 서투른 빛의 언어지만
이 책을 읽어주시는 모든 분께
작은 위로와 즐거움으로 전해지길 바랍니다.

지금까지
함께하고 격려 해주신 모든 분께
올립니다.

                        2025년 깊어가는 가을날
                                손병규

■ 차례

1부
벽을 넘는 일

생을 추수할	· 12
네가 나보다 났다	· 14
꽃 브로치	· 16
치유의 흔적	· 18
이열치열	· 20
청년 백수	· 22
인생이 그런거지	· 24
벽을 넘는 일	· 26
천년을 빚다	· 28
새콤하고 달달한	· 30
첫 도전	· 32
사랑이란 그래	· 34
아들에게	· 36
경쟁의 시대	· 38
응원	· 40
산다는 건	· 42

2부
아버지란 자리

구순의 마음 · 46
아버지란 자리 · 48
어머니의 집 · 50
어버이 · 52
어찌 살아 내셨는지 · 54
어이 가시렵니까 · 56
노부부의 이야기 · 58
초상 · 60
다부동의 상처 · 62
엄마의 뜰 · 64
집 · 66
그늘을 누리다 · 68
고집 · 70
엄마의 품 · 72
해바라기 사랑 · 74

3부
인생 그 화려한 순간

묵묵히 살아내다 · 78
아낙들의 쉼터 · 80
소통 · 82
가장(家長) · 84
삶, 일궈내다 · 86
소탐대실 하다 · 88
그래, 그럼 됐다 · 90
이별의 기준 · 92
동반자 · 94
요원한 상생 · 96
끝 없는 이기심 · 98
탈모 · 100
인생 2막 · 102
인생, 그 화려한 순간 · 104
살다 보면 · 106

4부
둥글어 지다

시대를 접다 · 110
한 생이 다해도 · 112
동행 · 114
유혹 · 116
인생, 꽃 피우다 · 118
둥글어지다 · 120
토닥토닥 · 122
가까이 있는 부처 · 124
낙동강 · 126
거듭나기 · 128
가을, 그리고 남자 · 130
정년퇴직 · 132
아름다운 생각 · 134
옹이 · 136
절망은 없다 · 138
부부 · 140

해설 · 142

1부
벽을 넘는 일

생을 추수할

비바람 맞아가며

피땀으로 살아온 날들이

나의 가을로걸어 가고 있는

길이었음을

네가 나보다 났다

한철을 살아도

흔적을 남기는 너

수 십년을 바둥거려도

난 바람에도 닳아가네

꽃 브로치

얼마나

깎고 다듬었을까

견디고 이겨낸 세월

결국,

꽃이 되었네

치유의 흔적

상처 없는 사람

어디 있을까

너의 눈물을 딛고

또 다른 네가 일어서고

있다

이열치열

찜복 입고

옹기종기

불가마속

여름이 익고있다

청년 백수

멈춘 듯 보여도

잠시뿐이다

끝없이 비상하려고

꿈틀거린다

인생이 그런 거지

자식들 제 갈 길

떠나가고

순리대로, 혼자되었다

가끔 찾아오는 이

말벗이나 하며

벽을 넘는 일

멈출 수가 없다

벽 부터 만나는 삶

끝없이 오르고

넘어야 하는 일

천년을 빚다

바람도,

햇볕도 아니였다

붓 끝이 틔운 씨앗

청화로 피어낸

조선 부귀花

새콤하고 달달한

풋과일 같던

첫사랑

시로 익혀도

익어 지지 않는

그리움

첫 도전

깊이를 알 수 없어

두려웠다

다시 차고 오르겠다는

삶의 기세가

등을 밀어주었다

사랑이란 그래

틈인 줄 알았어

나중에 알았지

틈이 아니라

싱크홀이었다는 걸

아들에게

꿈을 향해 걸어라

밝고 바른 길을 가거라

부디,

지나온 나의 헛된 걸음

따라 걷지 않기를

경쟁의 시대

살아가야 하는 것은

이기려는 것 보다

사라지지 않으려는

몸부림

응원

역경을 딛고 일어나

그래서 더 아름다운

너의 세상

산다는 건

버티다 보니

별거 아니더라

살아가는 이유가

거창하게 있었던가

그냥 사는거지

2부
아버지란 자리

구순의 마음

자식의 욕심을

묵묵히 듣고 계시던

구순의 아버지

이슬 밟아가며

또다시 논밭길 나섰다

아버지의 자리

안락했던 내 안식처

정작 당신께서 힘들 땐 의자 한번

되어 드리지 못했다

앉을 곳 없어 서성거리시느라

얼마나 힘들었을까

어머니의 집

적요가 흐르는 공간

몸도 기울고

손때묻은 추억도

기울어 가지만

뜨거운 기도 흔적이 남아 있는

어버이

눈 밝혀 주려

피와 살 내어주고

해마다 줄어드신

어찌 살아 내셨는지

죽거든

속을 열어 보라고

썩어 뭉그러져

아무것도 없을 거라고

그래도, 용케 버티셨군

일미一味

무슨 생각을 할까

아직도,

붙잡아야 할 것이 있는지

작고 쓸쓸한 어깨

바람이 토닥인다

노부부의 이야기

아들 딸 클수록

우리는 더

고개를 숙여야 했다

초상

다시 피지도 못할 거면

지지나 말 것을

이러지도 저러지도 못하고

마냥 저물어 가네

다부동의 상처

지친몸 누이고도

잠들지 못했습니다

돌아오지 못한 아들 기다리며

밤새, 호롱의 심지만

태우시고

엄마의 뜰

손은 마술이었다

흙을 고르고 둘레를 그리면

엄마의 봄 우르르 왔지요

집

들어오면 나가고

나가면 들어가고 싶은

그늘을 누리다

당신의 근육이 거칠어지는

이면에

우리는 그 속에

푸른 세월을 다 누렸지요

고집

"사진 찍는다, 퍼뜩 돌아 앉아라"

"됐다 고마, 다 늙은 얼굴

뭐가 보기 좋다고"

결국, 영정사진 한 장 못 남긴

어머니

엄마의 품

포근한 줄만 알았지

그 바깥에는

가시밭 세월이

있었다는 건

차마 다 몰랐었네

해바라기 사랑

얼마나 더 기다려야

우리 사랑 여물어질까

나 혼자 익어 가기는

너무 아프지 않겠니

3부

인생, 그 화려한 순간

묵묵히 살아내다

남들은

대단한 일이라고 해요

그저 꽃 한 송이 피우려

뜨겁게 땀 흘리며

살았을 뿐입니다

아낙들의 쉼터

오만 푸념 다 들어주려

아직도 귀 열고 있네

소통

경청이 먼저다

그리고 공감할 때

비로소 빗장 풀어

열리는 마음

가장家長

잡힌 발목

평생 제자리만 돈다

짓눌린 무게

펴보지 못한 날개

삶, 일궈내다

비바람 견딘 땅위에

힘든 나날 이겨냈으니

애썼다

너의 시간, 지금부터

꽃길이다

소담대실 하다

한 번의 행운을

찾기 위해

수 많은 행복을

짓밟아 가며

그래, 그럼 됐다

짧지만 화려했고

생을 다해 태웠으니

흩날림 조차

너의 봄이다

이별의 기준

볼 수 없다고

이별은 아니다

기억에서 지워지는 것이

슬픈 이별이다

동반자

어깨 하나에

세월을 버텼습니다

든든한 기둥

그대는 나의 반쪽

요원한 상생

같이 가자는 자는

늘 빈손이고

쥔 것이 많은 자는

그 손조차 놓지 못하고

끝 없는 이기심

원하는 것을 얻으셨나요

갈망하는 것이

뜯겨나간 저 흉물처럼

되지 않았기를

탈모

무명초 한가닥 부스러질 때

깊은 땅을 파는 한숨소리

나 아닌 내가 나를 보고있다

인생 2막

끝난 줄 알았다

할 일이 생겼으니

누군가 내 이름을

다시 불러주겠지

인생, 그 화려한 순간

푸른 시간 누리고

마지막 화려함,

한 잎 한 잎 사연 접어

환호속에 저문다

살다 보면

잎 피우는 재주가 있어

조금만 견디다 보면

너의 봄날

다시 찾아올 거야

무너진 내 생에도 봄이 왔듯이

4부
둥글어지다

시대를 접다

어둠이 깊을 수 록

더 빛났고

너를 위해 늘 뜨거웠다

기억에서 멀어지는

쓸쓸한 존재로 남는

한 생이 다해도

얼마나 잘 살았을까

삶이, 참 눈부셨겠다

마지막 순간도

저리 고운데

동행

함께 걸어가야 할

너와 내가 아닌 우리

유혹

우리 집에

도토리 먹고 갈래

인생, 꽃 피우다

바람이 분다고

햇살이 쬔다고

꽃이 피어나랴

피와 땀이 스며들어야

피어나는 거지

둥글어지다

부딪치며 살다 보니

모서리를 잃고

둥글둥글한 나이가

된 거지

토닥토닥

괜찮아,

흔들릴때 마다 잡아 주던

토닥임,

잠들어 있던

용기가 깨어났다

가까이 있는 부처

어둠을 밝히는

티끌만한

빛이 될 수 있다면

너도 부처요 나도 부처다

낙동강

유구한 역사
부침의 세월 지나
생명의 젖줄 되어 목젖으로 흐른다

거듭나기

또 다른 텃밭의

한 줌 거름으로

익어가는 나

새로운 봄을 준비한다

가을, 그리고 남자

가슴 시리게 할 쓸쓸함

한바탕 헤집고 가겠네

막을 길이 없다

정년퇴직

닻을 내렸다

누구는 끝이라 하고

누구는 시작이라 한다

나는

방향을 잃었는데

아름다운 생각

별은

대단한 게 아니야

내가 하늘을 만들면

온 천지가

다 별인 거야

옹이

품고 사는 상처

누구나 있다

애써 가리려 하지 마라

견디고 이겨낸 흉터

그걸 딛고 사는 거더라

절망은 없다

내리막 있다고

끝이 아니더라

낮은 곳에 서보면

길이 열려 있더라

절망은 끝이 아닌 시작

부부

애증의 강 건너니

숨결이 먼저 와 닿는 사이

같은 방향

나란히 걸어가는

■□ 해설

사소한 장면에서 이끌어낸 삶의 진면목

복효근(시인)

　인간의 내면에는 쉼 없이 정신 활동이 이루어지고 있으며 무한 상상이 가능한 동물이다. 또한, 모든 감각을 통하여 사물과 사건과 현상을 끊임없이 수용하고 있다. 인간은 이 정신, 상상, 느낌을 자신뿐만 아니라 다른 이들에게도 유익하고 심미적인 방향으로 창조하려는 욕구가 있다. 이는 필연적으로 예술이라는 인간만의 독특한 영역을 구축해왔다. 누 천년 누 백 년 동안 음악이 만들어지고 미술이 만들어지고 춤과 여타 예술이 창조되었다. 사진은 카메라라는 문명적 이기가 발명되면서 사진예술이라는 영역을 탄생시켰다. 그보다 이전부터 시를 포함한 문학이라는 영역이 언어예술로서 한 영역을 구축해온 것은 주지의 사실이다. 춤과 음악이 만나 떼려야 뗄 수 없는 관계를 이룬 것을 우리는 알고 있다. 21세기에 들어서 디지털카메라가 스마트폰 기능을 통해 널리 보급되면서 마치 춤과 음악이 만난 것처럼 디지털카메라와 언어예술이 결합된 또 하나의 예술 영역이 구축되고 있음을 본다. 카메라는 인간의 내면에서 일어나는 정신적 활동을 사진을 통해 가시적으로 표현한다. 사물과 풍경과 어떤 장면을 포착하여 작가의 사고나 정서를 드러내고자 하는 것이다. 그런데 여기에 춤과 음악의 만남처럼 시적 언어가 함께 결합하여 인간 예술의 영역 하나가 더 생기는 사건이 일어났다. 디카시다. 어쩌면 예술의 진화 노정에 있어 필연인지도 모른다.

사진작가는 심미적 안목으로 인물을 포함한 사물과 풍경을 포착하여 피사체에서 느껴지는 아름다움을 비롯한 어떤 정서나 메시지를 표현하려고 한다. 그런데 이 사진에 짧은 언술이 결합되면서 사진과 언술의 만남이 시적인 아우라를 가지게 되는 디카시라는 새로운 양식이 창안되어 하나의 예술 표현양식으로 정착하게 된 것이다. 여기서 '결합'이라는 말을 썼는데 엄격히 말하면 '융합'이라는 단어가 적절하다. 마치 H2 + 0 =H2O가 되는 것처럼, 수소와 산소가 융합되어 제3의 물질, 물이 되는 것과 같다. 그러니까 사진과 언술이 따로 따로가 아니라 한 몸이 되어 시가 되는 것이다.

우리는 어떤 대상을 시각적으로 바라볼 때 그것이 우리로 하여금 무언가 느낌을 주고 때로는 어떤 생각을 촉발하게 됨을 안다. 때로는 바라보는 대상에서 그 어떤 상상을 펼치게도 된다. 사물을 바라보며(사진 이미지로 포착) 생겨난 생각, 느낌, 상상(언술로 포착)이 어우러져 디카시가 되는 원리다. 이때 사진 이미지는 인간의 내면 생각이나 느낌, 상상을 드러내 주는 객관적 상관물로 작동하거나 비유로 작동하게 된다.

작품으로서 사진은 이미지 그 자체가 지닌 아우라와 그 자체의 메시지로 독립적이다. 그러나 디카시에서는 사진도, 거기에 결합된 언술도 독립적일 수 없다. 디카시에서 사진 이미지는 예술적이어서 안 될 이유는 없으나 그 자체로서 예술적 완성도를 가질 필요가 없다. 오히려 디카시를 이루는 데 장애 요소가 될 수 있다. 디카시에서 사진 이미지는 언술을 만나 비로소 언술과 융합되어 또 다른 아우라와 메시지를 빚어냈을 때 의미가 있는 것이다. 언술이 요구하는(언술과 부합하는) 초점과 구도여야 한다. 언술은 또한 사진을 재차 해석해주고 설명해주면 안 된다. 사진 이미지에서 촉발된 촌철살인의 의미와 심미적 충격을 담고 있어야 한다.

손병규 시인은 위에서 간략하게 살펴본 디카시의 전형적인 창작원리에 충실하여 작품을 창조한다. 사진작가인 손병규 시인은 대상(피사체)을 바라보는 시각 자체가 매우 시적이다. 여기서 시적이라는 말은 사진 이미지가 시적 상상을 자극하고 시적 메타포나 상징적으로 작동하고 있다는 말이다. 사진을 보면 사진 속의 사물과 장면뿐만이 아니라 인간의 이야기를 전하고자 하는 의도가 보인다. 논리보다는 직관적이고 함축적이어서 사진 이미지 뒤에 또 다른 메시지나 시적인 감동을 감추어 두어서 다원적 언어로 환원시키는 힘이 있다.

우리는 더

고개를 숙여야 했다

「노부부의 이야기」

벽에 걸린 녹슨 호미 두 자루다. 묘하게 호밋날이 서로를 마주 보고 있다. 이 작품에서 보듯이 사진 이미지는 언술에서 보이는 노부부와 비유 관계에 있다. 호미 이야기이지만 정작 노부부의 이야기를 하고자 하는 것이다. 때마침 호밋날의 그림자는 실제 호밋날보다 고개를 깊게 숙였다.

그렇다. 자녀들이 성장하고 성숙할수록 부모들은 자식들이 말에 귀를 기울여야 한다. 여기에는 복합적이고 단순

하지 않은 이유가 있을 수 있다. 호미로 작물을 관리하는 노부부라면 넉넉한 형편은 못 된다. 자식들 키우면서 넉넉하게 지원하거나 양육하지 못한 데 대한 죄책감과 미안함 때문일 수도 있다. 또는 지식 정보화 사회로 치달으면서 자녀들의 선택에 부모가 더 이상 간여하고 길잡이가 될 수 없다는 열패감의 표현일 수도 있다. 아이들이 더 앞서가고 정보도 풍부하며 능력도 뛰어나 자녀들의 의견이나 결정에 따라야만 할 때가 오는 것이다.

이렇게 다층적이고 다양한 함의가 이 디카시에 담겨 있는 것이다. 디카시의 창작원리에 충실한 작품이라 하겠다. 사진은 사진작품 그 자체로 자족적이며 독립적이기도 하지만 짧은 언술을 만나 비로소 의도가 담긴 시적 메시지를 담게 되었다. 시퍼렇던 고집을 꺾고 이제 자녀들에게 따라야 하는 노부부의 삶이 그대로 비친다.

눈 밝혀 주려

> 피와 살 내어주고
> 해마다 줄어드신
> 「어버이」

 매우 짧게 남은 몽당연필 한 자루가 사진의 전부다. 디카시의 사진 이미지로는 충분하다. 단순하여 오히려 집중도가 높아지는 효과가 있다. 만약 작품으로써 사진만 제시되었다면 사진 그 자체의 예술적 완결성을 가지고 평가해야 할 것이다. 그러나 디카시에서는 언술과의 관계 속에서 사진의 역할과 그 적절성을 평가해야 한다. 저 짧은 몽당연필에서 어버이를 보아내는 것은 놀라운 눈이다. 시적 메타포를 발견한 것이다. 직관의 힘이다. 이 직관을 통해 발견한 삶의 진실은 감동이 있다. 거기에 인생의 진실이 담겨 있기 때문이다.

 언술 속의 어버이와 몽당연필은 비유 관계에 있다. 자녀가 자랄수록, 자녀의 지식이 늘고 사회적 위치가 커가고 그들의 부가 늘어날수록 부모는 늙게 되어 있다. 자녀들의 능력이 뛰어나서 그럴 수도 있지만, 자녀들이 그런 능력을 갖출 수 있도록 눈을 밝게 해준 것은 아마도 어버이일 것이다. 자녀와 어버이의 줄어듦과 늘어남의 역방향 인생행로가 이 짧은 디카시에 다 그려진다.

자식의 욕심을
묵묵히 듣고 계시던
구순의 아버지,
이슬 밟아가며
또다시 논밭 길 나섰다
「구순의 마음」

사진 자체가 독립된 예술성을 가지지 않아도 된다 했지만, 언술과 관련하여 사진 이미지는 구도나 속도감, 밝기, 선명도가 그 나름의 이유를 가지고 있어야 하겠다. 이 사진 이미지는 초점이 선명하지 않다. 구순의 아버지가 서둘러 논밭으로 나가는 동작의 속도감을 사진이 표현하고자 한 의도 같다. 손에는 재래식 농기구인 호미가 들려있고 허리는 기역자로 굽었다. 농사일로 평생을 살아오신 고단함이 그대로 드러나 있다.

"자식의 욕심"은 여기서 구체적이지 않다. 모호성 속에 그 의미를 선명하게 드러내지 않았다. 다만 독자들이 추리할 수 있을 뿐이다. 문맥으로 보면 자식은 사업 얘기를 했거나 자금이 필요하단 얘기를 했을 것 같다. 묵묵히 듣고 계시던 아버지는 대답할 말이 없다. 당장 자식의 요구를 들어줄 여유가 없다. 어찌하겠는가. 답답한 심정 토로할 길 없어 당신은 평생 일구던 논밭으로 나가는 수밖에. 아니면 자식의 요구를 들어주기 위해서는 논밭에 나가 작물을 튼실하게 가꾸는 수밖에 없다. 도둑질을 하랴, 신용대출을 받으랴, 그렇다고 전답을 팔 수도 없는 일. 구순에 이른 아버지의 마음이 애틋하게 함축되어 있다.

  시도 그렇지만 디카시도 독자에게 속 시원하게 다 말해주지 않는다. 사진 속에 문맥 속에 그 메시지나 표현하고자 하는 정서를 감추어 놓는다. 독자가 상상하고 압축된 이야기를 풀어내면서 작품을 완성하는 것이다.

남들은
대단한 일이라고 해요
그저 꽃 한 송이 피우려
뜨겁게 땀 흘리며
살았을 뿐입니다

「묵묵히 살아내」

  사진이 많은 걸 얘기해주고 있다. 육중한 바위틈에 뿌리 내린 철쭉이 고목이 되어 꽃을 피웠다. 작지만 고목이 되기까지 얼마나 긴 세월을 좁은 바위틈 부족한 물과 영양분을 견디며 살아냈을까? 그 역경과 고난을 짐작하고도 남겠다. 그 생명력을, 혹은 인내심을, 혹은 형벌 같은 삶을. 혹은 의지와 투지를……사진만으로 짐작은 할 수 있으되 디카시 전체로서의 메시지는 아직 모른다. 이 사진 이미지에 결합한 언술을 보고서야 묵묵히 살아내는 땀 흘리는 삶에, 근면과 성실에 의미를 둔 작품이라는 걸 읽어낸다. 제목과 사진 이미지와 언술이 상호 작용하면서 의미와 감동을 만들어내기 때문에 우리는 디카시에서 사진 이미지와 언술의 결합을 융합이라고 하는 것이다. 이 사진 이미지는 언술의 내용과 비유 관계에 놓이게 되는데, 사진은 바위틈에 자란 철쭉이 아름답게 꽃 피었다는 정보를 담고 있다. 이것은 인간의 삶이라는 원관념을 표현하기 위한 보조관념으로써

이 둘은 비유 관계에 놓여있다. 디카시의 창작 방법으로 가장 보편적이며 일반적인 경우다. 작가의 인생관 속에 '묵묵히 성실하게'라는 철학이 어느 순간 바위틈에서 장하게 살아내어 꽃 피운 철쭉을 만나, 이 철쭉나무가 작가의 사상을 드러내는 객관적 상관물로 작동한 것이라 하겠다.

얼마나
깎고 다듬었을까
견디고 이겨낸 세월
결국,꽃이 되었네
「꽃 브로치」

나무줄기에 상처가 나면 나무는 그것을 아물리기 위해 나무 조직이 자라 상처 부위를 감싼다. 오랜 시간이 지나 상처는 울퉁불퉁한 나무 조직으로 둘러싸이고 이 사진 이미지에서처럼 마치 꽃 모양으로 변한 걸 볼 수 있다. 무엇인

가로부터 혹은 누군가로부터 상처를 받은 나무는 그 상처를 준 자를 원망하는 대신, 그리고 자신의 처지를 절망하는 대신 오로지 상처를 감싸고 치유하기 위해 노력했다. 이 작품 역시 나무와 인간은 비유 관계에 놓였다. "견디고 이겨낸 세월"이 상처를 꽃으로 변하게 한다. 인고의 자세를 말하고 있는 것이다. 시인의 철학이 이러한 소재(피사체)를 발견하게 하였다. 거꾸로 이제 이 피사체로 하여금 시인의 철학을 말하게 하였다. 이는 아름다운, 멋진, 기발한 사진만으로 불가능한 영역이다. 짧은 언술이 사진 이미지와 융합적으로 어우러진 디카시만이 가능한 시적 아우라다.

볼 수 없다고
이별은 아니다
기억에서 지워지는 것이
슬픈 이별이다
「이별의 기준」

거미줄에 매달린 나뭇잎이다. 가을이 되어 단풍이 들고 가지로부터 떨어져 머지않아 흙으로 돌아갈 것이다. 나뭇잎은 나뭇가지로부터 떨어져 이별하는 것이 슬프고 애달프다. 나무는 나뭇잎을 볼 수 없고 나뭇잎은 나무를 볼 수 없다. 이러한 상황 설정 자체가 나무와 나뭇잎에만 해당하는 것이 아닌 인간의 어떤 국면을 상징하고 있음을 알 수 있다. 서로 볼 수 없다는 점도 그렇지만 정작 이별이 서럽고 슬픈 것은 아예 기억하지 않고 기억나지 않는다는 점일 것이다. 서로 보이지 않는다고 하더라도 서로를 기억하고 애틋하게 마음에 기억에 담고 있다면 그것은 이별이 아니라고 시인은 말한다. 이는 이별을 하더라도 함께 했던 시간을 소중하게 기억하고자 하는 다짐이며 아름다운 이별을 꿈꾸는 시적인 소망이라고 하겠다.

무명초 한 가닥 부스러질 때
깊은 땅을 파는 한숨 소리
나 아닌 내가 나를 보고 있다

「탈모」

 민들레 씨앗이 바람에 흩어져 날리는 장면을 포착했다. 그리고 그것을 무명초(모발)가 한 가닥씩 부스러지는 것에 비유하고 있다. 반드시 그렇지는 않지만, 나이가 들고 노년에 근접하면 탈모가 일어나고 그것은 정신에 영향을 미쳐 무력감이 들고 무상함을 넘어 절망감까지 들게 하는 것이다. 한숨 소리가 깊어지는 즈음이다. 화자는 미래의 나를 바라보고 있다. 대머리가 된 나를 상상하는 것이다. 디카시가 아니라면 이러한 삶에 대한 통찰의 메시지를 빚어내기 쉽지 않다. 사진을 보며 그와 어우러진 언술이 주는 묘한 느낌과 메시지, 이것이 시와는 달리 디카시만이 지닌 매력 아닐까?

 손병규 시인은 무심코 지나칠 수 있는 사소한 그 어떤 것도 디카시의 소재가 될 수 있다는 사실을 일깨워주고 있다. 디카시는 발견의 기쁨이 있다. 의식의 확장을 꾀할 수 있다. 깨달음의 환희가 있다. 디카시가 지니는 묘미라고 할 수 있겠다. 렌즈를 통해 세상을 보고자 하는 사진작가에게 부수적으로 주어지는 즐거움이자 삶의 본질에 접근할 수 있는 시인의 특혜라 아니할 수 없다. 디카시가, 작가가 지닌 사상과 철학 내지는 감정을 이미지와 시적 언술을 통해 촌철살인 적으로 드러내는 새롭고 효율적이며 심미적인 예술

양식임을 증명하고 있는 것이다.

　손병규 시인의 디카시는 사물과 자연으로부터 삶의 이치를 이끌어내는 안목이 남다르다. 렌즈로 보고 듣고 사유하는 사진작가로서 사소한 것 하나 놓치지 않고 관찰하고 그것을 시적 언어로 형상화한다. 사진 이미지를 그의 내면세계의 비유와 상징으로, 객관적 상관물로 삼아 삶의 단면들을 예리하게 드러낸다. 한 편 한 편의 디카시에서 평소 시인이 지니고 있는 철학과 정신세계, 따뜻한 정서가 유감없이 발휘되고 있다. 시인은 디카시의 본질적 속성을 꿰뚫고 원론적 창작법에 충실하여 작품을 빚어내고 있는 바 우리 디카시 발전에 단단한 초석을 놓고 있다고 하겠다.